Selbstanalyse angelehnt an die Archetypen nach C.G. Jung

STEFAN SCHOLZ

ISBN: 1494787563
ISBN-13: 978-1494787561

INHALT

1 WAS SIND ARCHETYPEN?

C. G. Jung hat in seiner umfassenden Arbeit zur Psychologie unter Anderem die hier behandelten sechs Haupt-Archetypen (Grundverhaltensmuster) identifiziert. Diese sind **"Herrscher/in"**, **"Krieger/in"**, **"Weise/r"**, **"Mystiker/in"**, **"Liebende/r"** und **"Spaßvogel"**.

Jeder Mensch besitzt Merkmale aller Archetypen. Jeder Archetyp kann in überzogener, ausgewogener oder unterentwickelter Ausprägung in Ihnen vorhanden sein. Das Ziel dieser Analyse ist die Selbsterkenntnis. In welchen Bereichen sind Sie im Fluß ("Ausgewogen")? In welchen schießen Sie über das Ziel hinaus ("Überzogen")? Zu welchen Kennzeichen eines Archetyps haben Sie vielleicht ungenügenden Zugang ("Unterentwickelt")? Ziel der Arbeit an der eigenen Persönlichkeit darf es sein, sich den ausgewogenen Ausprägungen der Archetypen anzunähern.

Versuchen Sie sich ehrlich zu analysieren. Markieren Sie sich Ihre Attribute auf einer Kopie der Charakterisierungen der Archetypen aus diesem Buch, oder nutzen Sie die im Buch enthaltenen Tabellen. Lassen Sie eine Person Ihres Vertrauens darauf schauen. Nehmen Sie die eventuell abweichende Beurteilung dieser anderen Person an! Jeder Mensch sieht sich selbst anders, als Andere das tun. Jeder hat seine eigene Wahrheit. Auch darin besteht Lernpotential.

2 ARCHETYPEN

2.1 Herrscher/In

Überzogen (Tyrann)	*Ausgewogen*	*Unterentwickelt (Sklave)*
befehlend, kontrollierend, diktatorisch, selbstgefällig, nach Höherem strebend, Perfektionist, überhöht das eigene Schaffen, lehnt Rat und Meinungen von Anderen ab, ermächtigt sich, seinen eigenen Weg durchzusetzen – ohne Rücksicht	sicher, entscheidungsfreudig, gerecht, Andere unterstützend, übernimmt Verantwortung, hat Visionen und etabliert diese bei Anderen, wegweisend, Ordnung schaffend, setzt nachvollziehbare und positive Grenzen. Ziel: Frieden und Wohlstand (auch im übertragenen Sinn) in seinem/ihrem Umfeld	Verantwortung und Treffen von Entscheidungen vermeidend, macht auf die Fehler der Anderen aufmerksam (lenkt von den eigenen Fehlern ab), ohne Vision und eigene Ausrichtung, ist eher Verwalter, paranoid, sucht verzweifelt nach Lob und Respekt durch Andere

Notieren Sie hier Ihre Ausprägungen für den Archetyp Herrscher/In – möglichst mit einem radierbaren Stift. Diese Ausprägungen sollen sich ja mit der Zeit auch ändern...

Überzogen (Tyrann)	Ausgewogen	Unterentwickelt (Sklave)
-----------------------	-----------------------	-----------------------
-----------------------	-----------------------	-----------------------
-----------------------	-----------------------	-----------------------
-----------------------	-----------------------	-----------------------
-----------------------	-----------------------	-----------------------
-----------------------	-----------------------	-----------------------
-----------------------	-----------------------	-----------------------

2.2 Krieger/In

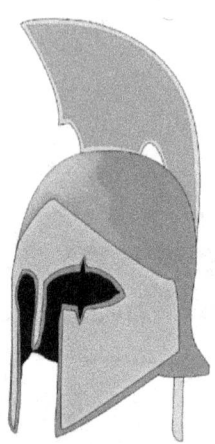

Überzogen (Wilder)	*Ausgewogen*	*Unterentwickelt (Opfer)*
feindlich, erzwingend, flüchtig, ungeduldig, beleidigend, aufsässig, unbeweglich, kann Niederlagen nicht ertragen, hasst Schwäche bei Anderen, Streit stiftend, tyrannisierend, liebt den Kampf und Schmerz zu verursachen	mutig, handlungs-orientiert, überzeugt, konkurrenzfähig, hält Grenzen ein und setzt seine Grenzen Anderen gegenüber durch, bringt seine Aufgaben zu Ende, direkt, entschlossen, diszipliniert - auch im Sinne von Selbst-disziplin, loyal, zuverlässig, lässt sich auch von Schmerz nicht abschrecken	gibt unter Druck nach, vermeidet Schmerz und jeglichen Konflikt - "Alles für ein ruhiges Leben", schlampig, ineffektiv, bringt nichts zu Ende, Ja-Sager, Morgen Morgen, nur nicht heute, sucht Gründe nicht handeln oder Entscheidungen treffen zu müssen

Notieren Sie hier Ihre Ausprägungen für den Archetyp Krieger/In – möglichst mit einem radierbaren Stift. Diese Ausprägungen sollen sich ja mit der Zeit auch ändern...

Überzogen (Wilder)	*Ausgewogen*	*Unterentwickelt (Opfer)*
------------------	------------------	------------------
------------------	------------------	------------------
------------------	------------------	------------------
------------------	------------------	------------------
------------------	------------------	------------------
------------------	------------------	------------------
------------------	------------------	------------------

2.3 Weise/r

Überzogen (Einsiedler)	Ausgewogen	Unterentwickelt (Modepuppe)
zurückhaltend, über-intellektuell, unpraktisch, Theoretiker/in, kann schlecht mit emotionalen Menschen umgehen, zwanghaft logisch, hochnäsig gegenüber weniger Gebildeten	klug, gebildet, scharfsinnig, kenntnisreich, wahrnehmend, Wahrheit suchend, vernünftig, logisch, mit gesundem Abstand von Ereignissen, kann schlecht Gefühle ausdrücken, Beweise und Geschichte sind wichtig.	unbeweglich durch Mangel an Kenntnissen und Verständnis "weiß ich nicht, muss/kann ich nicht wissen", unfähig Entscheidungen zu treffen, pessimistisch, "ist egal"

Notieren Sie hier Ihre Ausprägungen für den Archetyp Weise/r – möglichst mit einem radierbaren Stift. Diese Ausprägungen sollen sich ja mit der Zeit auch ändern...

Überzogen (Einsiedler)	Ausgewogen	Unterentwickelt (Modepuppe)
-------------------------	-------------------------	-------------------------
-------------------------	-------------------------	-------------------------
-------------------------	-------------------------	-------------------------
-------------------------	-------------------------	-------------------------
-------------------------	-------------------------	-------------------------
-------------------------	-------------------------	-------------------------

2.4 Mystiker/In

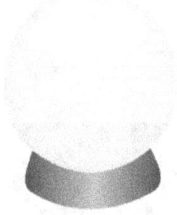

Überzogen (Zauberer)	Ausgewogen	Unterentwickelt (Phantast)
abwegig, herablassend und überlegen, irreführend, heimlich, manipulierend, rachsüchtig, schwer fassbar, schlüpfrig, "zaubert", paranoid, hebt seine/ihre "höheren" Kenntnisse hervor, "Geist ist alles"	hat "ungewöhnliche" Kenntnisse und Fähigkeiten, verlässt sich auf "überirdische" Mächte, wie Intuition und Voraussicht, fähig Themen und Bedeutungen zu übertragen, hat Glauben, bringt Hoffnung, bleibt ruhig und durch Ereignisse unbeeindruckt, Hellseher, kreativ, charismatisch, am Mysterium Freude habend	ängstlich, gestresst, hoffnungslos, glaubt nicht an Gutes, leicht beeinflussbar, an eigenen Fähigkeiten zweifelnd, in Phantasiewelt lebend - flüchtend

Notieren Sie hier Ihre Ausprägungen für den Archetyp Mystiker/In – möglichst mit einem radierbaren Stift. Diese Ausprägungen sollen sich ja mit der Zeit auch ändern...

Überzogen (Zauberer)	Ausgewogen	Unterentwickelt (Phantast)
------------------------	------------------------	------------------------
------------------------	------------------------	------------------------
------------------------	------------------------	------------------------
------------------------	------------------------	------------------------
------------------------	------------------------	------------------------
------------------------	------------------------	------------------------

2.5 Liebende/r

Überzogen (Desperado, Schurke)	Ausgewogen	Unterentwickelt (Einzelgänger/In)
lüstern, verzweifelt, verblendet, beziehungs-instabil, ständig suchend	Menschen wert-schätzend, empatisch, liebt es Beziehungen aufzubauen, sucht Harmonie, kann Gefühle gut ausdrücken, spiele-risch, unwillkürlich, schätzt Schönheit - auch und gerade in Kunst und Musik	gefühllos, stoisch, geht in seinem/ihrem Kummer auf, Intimität vermeidend, kann aber trotzdem nicht allein sein, erstarrt, im Wesen unbeweglich, langweilig, empathieunfähig

Notieren Sie hier Ihre Ausprägungen für den Archetyp Liebende/r – möglichst mit einem radierbaren Stift. Diese Ausprägungen sollen sich ja mit der Zeit auch ändern...

Überzogen (Desperado, Schurke)	Ausgewogen	Unterentwickelt (Einzelgänger/In)
-------------------------	-------------------------	-------------------------
-------------------------	-------------------------	-------------------------
-------------------------	-------------------------	-------------------------
-------------------------	-------------------------	-------------------------
-------------------------	-------------------------	-------------------------
-------------------------	-------------------------	-------------------------

2.6 Spaßvogel

Überzogen (Idiot)	Ausgewogen	Unterentwickelt (Depressive/r)
boshaft, macht "Späße" auf Kosten Anderer, sarkastisch, sardonisch, störend, leicht ablenkbar und ablenkend, leichtfertig, nimmt nichts ernst, wichtige Sachen unterbrechend	humorvoll, lachend, freudig,Unterhaltung bringend, zeigt die positive Seite aller Dinge, befreit von Negativität und Überernst	aalt sich in der Negativität und im Kummer, fühlt sich oberflächlich und unsicher, empfindet Mangel an Bedeutung

Notieren Sie hier Ihre Ausprägungen für den Archetyp Spaßvogel – möglichst mit einem radierbaren Stift. Diese Ausprägungen sollen sich ja mit der Zeit auch ändern...

Überzogen (Idiot)	Ausgewogen	Unterentwickelt (Depressive/r)
------------------------	------------------------	------------------------
------------------------	------------------------	------------------------
------------------------	------------------------	------------------------
------------------------	------------------------	------------------------
------------------------	------------------------	------------------------
------------------------	------------------------	------------------------
------------------------	------------------------	------------------------

3 HINWEISE ZUR AUSWERTUNG

Bei der Erarbeitung dieses Buches war ursprünglich der Plan, irgendeine Form der Bepunktung der Ausprägungen herauszufinden. Das hat sich als nicht machbar herausgestellt. Die Schwierigkeit dabei ist die unterschiedliche Wichtigkeit, die Priorisierung von Ausprägungen innerhalb der Archetypen.

Diese sind zu individuell und zu sehr voneinander abhängig, als daß es sinnvoll und möglich gewesen wäre, hier eine über Zahlen, über Fakten nachvollziehbare Auswertung zu finden.

Ebenso, wie die Hervorhebung der Ausprägungen subjektiv ist, ist die Priorisierung subjektiv. Aus vollständig subjektiven Faktoren eine objektive Lösung zu bekommen erscheint somit als nicht machbar und sinnvoll.

Doch wie werten Sie nun Ihre Schwerpunkte aus? Zunächst könnten Sie die auf sie zutreffenden Archetypenbeschreibungen dieses Buches unterstreichen. Für weitere Bearbeitungsschritte habe ich Ihnen jeweils eine Tabelle neben den jeweiligen Archetyp gedruckt. Am Ende des Buches sind nochmals sieben solche Tabellen für Ihre weitere Arbeit eingedruckt. Sieben Tabellen für die sechs Archetypen, da Sie sich ja eventuell bei einem Archetyp vertan haben könnten. Eventuell benötigen Sie ja auch eine Kopiervorlage für die Bearbeitung außerhalb dieses Buches.

Als Beispiel einer Auswertung soll der Archetyp Spassvogel herangezogen werden:

Überzogen (Idiot)	Ausgewogen	Unterentwickelt (Depressive/r)
boshaft, **macht "Späße" auf Kosten Anderer**, sarkastisch, sardonisch, störend, **leicht ablenkbar und ablenkend**, leichtfertig, nimmt nichts ernst, wichtige Sachen unterbrechend	humorvoll, **lachend**, freudig, Unterhaltung bringend, zeigt die positive Seite aller Dinge, **befreit von Negativität und Überernst**	aalt sich in der Negativität und im Kummer, fühlt sich oberflächlich und unsicher, **empfindet Mangel an Bedeutung**

Hier hätten wir je zwei Ausprägungen bei "Überzogen" und "Ausgewogen". Lediglich eine Ausprägung bei "Unterentwickelt". Der Schwerpunkt dieses Archetyps wäre also irgendwo zwischen "Überzogen" und "Ausgewogen" zu sehen. Stellen Sie sich dieses wie ein Pendel oder einen Zeiger vor, welches hier eben etwas nach links ausschlägt.

Auf der Seite "Unterentwickelt" kann der empfundene Mangel an Bedeutung eine Ursache für die Überreaktion "Späße auf Kosten Anderer" und "leicht ablenkbar und ablenkend" sein. Dies und die übrigen Zusammenhänge zwischen den gefundenen Ausprägungen sollten Sie sich jetzt in Ruhe zu Gemüte führen. Hierin liegen für Sie die Erkenntnisse.

Es wird sich bei Auswertung aller Archetypen ergeben haben, bei welchen Archetypen Sie vielleicht eher überzogen, wo ausgewogen, wo unterentwickelt eingeordnet sind. Hieraus können Sie nun die verschiedensten Erkenntnisse ziehen. Eventuell sind Sie einfach mit sich zufrieden? Warum auch nicht! Niemand kann und darf Ihnen vorschreiben, daß Sie sich ändern müssen. Sofern Sie bei sich Änderungsbedarf sehen, **dürfen** Sie sich verändern.

Die ausgewogenen Ausprägungen der Archetypen, die Sie momentan auf sich als nicht zutreffend herausgefunden haben, könnten Ihnen jetzt als Leitlinie, als Wunschverhaltensvorlage dienen. Effektiver, zumindest einfacher wäre allerdings, mit Ihrem Veränderungswunsch zu einem guten Coach oder Psychotherapeuten zu gehen.

4 QUELLEN

Die Grundidee zu diesem Werk kam mir durch die Lektüre von PADs (http://www.team-me.biz) eBook "Zusammenfassung der sechs Archetypen (Team Me; http://www.amazon.de/Zusammenfassung-Sechs-Archetypen-Team-ebook/dp/B007QRULR2)", welches in weiten Teilen als Ausgangspunkt gedient hat.

5 IMPRESSUM

Titel:	Selbstanalyse angelehnt an die Archetypen nach C.G. Jung
Autor und Herausgeber:	Stefan Scholz
Kontakt:	info@stefanscholz-kiel.de
Veröffentlichung:	März 2013, Buchedition Dezember 2013
Copyright:	© 2013 Stefan Scholz
Homepage:	http://www.stefanscholz-kiel.de

Auf den folgenden Seiten finden Sie noch einige Schemata für Ihre weitere Arbeit.

Archetyp _____ , Einschätzung aufgenommen am ___.___._____

Überzogen	Ausgewogen	Unterentwickelt
- - - - - - - - - - - - -	- - - - - - - - - - - - -	- - - - - - - - - - - - -
- - - - - - - - - - - - -	- - - - - - - - - - - - -	- - - - - - - - - - - - -
- - - - - - - - - - - - -	- - - - - - - - - - - - -	- - - - - - - - - - - - -
- - - - - - - - - - - - -	- - - - - - - - - - - - -	- - - - - - - - - - - - -
- - - - - - - - - - - - -	- - - - - - - - - - - - -	- - - - - - - - - - - - -
- - - - - - - - - - - - -	- - - - - - - - - - - - -	- - - - - - - - - - - - -
- - - - - - - - - - - - -	- - - - - - - - - - - - -	- - - - - - - - - - - - -

Archetyp _____ , Einschätzung aufgenommen am ____.____._____

Überzogen	Ausgewogen	Unterentwickelt
-------------------	-------------------	-------------------
-------------------	-------------------	-------------------
-------------------	-------------------	-------------------
-------------------	-------------------	-------------------
-------------------	-------------------	-------------------
-------------------	-------------------	-------------------
-------------------	-------------------	-------------------

Archetyp _____ , Einschätzung aufgenommen am ___.___._____

Überzogen	*Ausgewogen*	*Unterentwickelt*

Archetyp _____ , Einschätzung aufgenommen am ___.___._____

Überzogen	Ausgewogen	Unterentwickelt
-------------------------	-------------------------	-------------------------
-------------------------	-------------------------	-------------------------
-------------------------	-------------------------	-------------------------
-------------------------	-------------------------	-------------------------
-------------------------	-------------------------	-------------------------
-------------------------	-------------------------	-------------------------
-------------------------	-------------------------	-------------------------

Archetyp _____ , Einschätzung aufgenommen am ___.___._____

Überzogen	*Ausgewogen*	*Unterentwickelt*

Archetyp _____ , Einschätzung aufgenommen am ___.___._____

Überzogen	Ausgewogen	Unterentwickelt
-------------------------	-------------------------	-------------------------
-------------------------	-------------------------	-------------------------
-------------------------	-------------------------	-------------------------
-------------------------	-------------------------	-------------------------
-------------------------	-------------------------	-------------------------
-------------------------	-------------------------	-------------------------
-------------------------	-------------------------	-------------------------

Archetyp _____ , Einschätzung aufgenommen am ___.___._____

Überzogen	Ausgewogen	Unterentwickelt